目次

1. 野球検診手帳について……………………………… 1
2. 成長の記録…………………………………………… 2
3. 成長期の野球選手に多い障害について………… 5
4. セルフチェック方法………………………………… 12
5. ストレッチング……………………………………… 14
6. 投球フォームとそのチェックポイント………… 19
7. 投球数の制限について……………………………… 27
8. ウォーミングアップ………………………………… 30
9. クールダウン………………………………………… 42
10. ケガをした時の応急処置………………………… 44
11. スポーツ選手の食事の基本型…………………… 46
12. 野球肘検診について……………………………… 49
13. 野球肘検診の記録………………………………… 51
14. 検診後の医療機関受診記録……………………… 52
15. 医療機関との連絡欄……………………………… 53

1. 野球検診手帳について

　成長期にスポーツを行うことは心と体の両方に良い効果をもたらします。しかし、スポーツをやり過ぎると、体には様々な問題が起こります。これは体の使いすぎによっておきる「故障（障害）」と、1回の大きな力が加わることによっておこる「ケガ」の2つに分けられます。特に成長期に野球を続けていると肘・肩に障害が見られることが多く、ひどくなると普段の生活や将来に悪影響をもたらすことがあります。そのため普段から自分の体をチェックし、障害やケガを起こしにくい体を作り、何か問題があった時には早めに見つけて対応することが大切です。今回、予防のための知識を身につけ、野球を元気な体で楽しく続けていくために必要な情報をまとめた手帳を作りました。

　この手帳には自分の体の状態、成長の具合を確認し、自分で体をチェックする方法をまとめています。また、野球選手に多い障害やケガについて、ウォーミングアップやクールダウンの方法、ケガをした時の対応について説明しています。野球選手に多い肘の問題は、各地域で行っている「野球肘検診」で早く見つけて、適切な治療を行いましょう。この手帳ではその野球肘検診を受けた時の記録や病院を受診した時の記録を残すことができるようにしています。分かりにくいところは大人と一緒に読んで勉強していきましょう。

　投球動作のポイントや、最近注目されているピッチャーの投球数の制限、スポーツ選手の食事についてもまとめています。選手だけではなく、是非チームの指導者や保護者の方にも一緒に読んでいただきたいと思います。

（岡村　良久）

2. 成長の記録

　次のページにある表は「成長曲線」といい、年齢別の体格の平均値を曲線でつないで作成したものです。体の大きさや発育のスピードは一人ひとり違います。身長や体重を表に書き入れていくと自分の体の成長のようすが分かります。成長のピークがくる前に無理な練習を繰り返していると、障害やケガにつながります。体の成長にあったトレーニングを行うようにしましょう。

【表の見方・使い方】
　縦軸は身長と体重、横軸が年齢になります。表の真ん中の曲線（50のライン）が標準の成長曲線になります。自分の身長・体重を直接表に印をつけて記録して下さい。体の大きさが違っていてもそれぞれの曲線のカーブにそっているかどうかで、成長の様子が分かります。

〈チェックポイント〉
- 身長・体重は曲線のカーブにそっていますか？
- 体重は急に上向きになっていませんか？
- 体重は低下していませんか？

（石橋　恭之）

成長曲線（男子）

出典：厚生労働省ホームページ（https://www.mhlw.go.jp/shingi/2004/02/dl/s0219-3b.pdf）を加工して作成

4 野球検診手帳

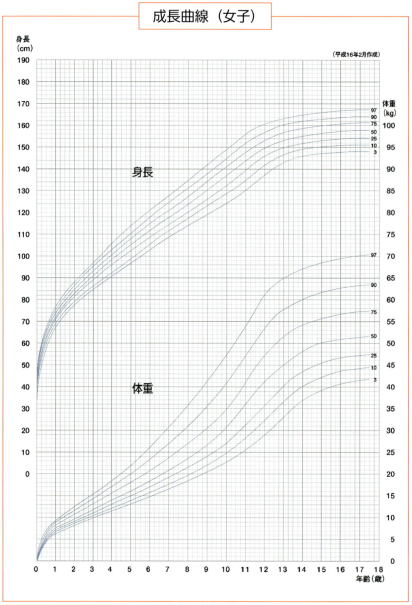

出典：p.3図に同じ

3. 成長期の野球選手に多い障害について

　小学生の高学年から中学にかけて身長が急に伸びる成長期があります。このときの骨の成長は、体の柔軟性の低下や関節の動く範囲が狭くなるなどの変化をもたらし、障害やケガの原因になります。また、小・中学生の選手の骨は、大人とは違って未熟な部分が多く成長段階にも個人差があるため、練習のしすぎなどで障害を起こすことがあり注意が必要です。野球選手では、ボールを投げる動作に関係した肘・肩の障害やケガが多く、小・中学生では肘、高校生以上では肩を痛める選手が多くみられます。これから野球選手に多い障害について紹介します。

【野球肘】

　ボールを投げる時には肘に大きな力がかかります。肘の内側は自分の体重以上の力で引っ張られて緊張します。肘の外側には体重の3分の2以上の圧迫力がかかります。さらに成長期の小・中学生の骨の先端には、骨を成長させる骨端線（成長軟骨）と骨端核があり、その先には成長過程の骨端軟骨があります。これは非常に弱くてもろいため、その時期に繰り返しストレスがかかると、骨端軟骨が傷ついたりはがれたりといったトラブルを引き起こします。投げる動作で肘に痛みが出た場合、これを野球肘と言います。投げる動作で肘の内側と外側に加わる力が違うので、肘の痛みのある場所によって野球肘の状態は違い、その後の経過や治療方法も異なります。ほとんどが内側の野球肘で、その次に多いのが外側の野球肘です。外側の野球肘は発生頻度が少ないものの重症化すると大きな問題となります。さらに頻度は多くはありませんが、肘の後ろにもボールを離す時にストレスがかかり、障害を引き起こすことがあります。

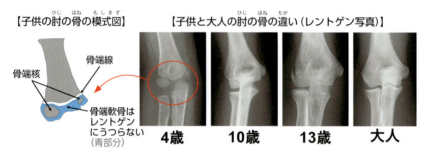

【子供の肘の骨の模式図】　【子供と大人の肘の骨の違い(レントゲン写真)】

4歳　10歳　13歳　大人

年齢とともに骨端線や骨端軟骨は骨に変化していきます

●内側の野球肘

　内側の野球肘の場合、軽い肘の違和感から始まります。しかし練習後しばらくするとその違和感が消えることが多いため放置する選手が多くみられます。しかしそのまま投球を続けると徐々に痛みが出てきます。これは肘の内側の骨端が靭帯によって繰り返し強く引っ張られたことが原因です。この時点で一時的に投球を休むことで肘の痛みはなくなり、またボールを投げることができるようになりますが、肘への負担が大きな投げ方をしている場合には再び痛みが出始め、これを繰り返すことになります。

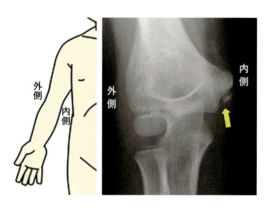

【右肘のレントゲン写真】
内側は靭帯で繰り返し強く引っ張られるため、靭帯に沿って新しい骨がみえてきます
　　　　　　（矢印部分）

●外側の野球肘：離断性骨軟骨炎

　外側の野球肘は、ほとんどの場合、小学生の頃に発生します。成長途中の未発達な肘で投球を何度も繰り返すと、肘の外側にある軟骨同士がぶつかるように繰り返し圧迫され、肘の外側に痛みがでてきます（各年代の投球数の目安についてはp.27以降を参照して下さい）。この場合、関節の軟骨と骨に障害が出る「離断性骨軟骨炎」になっていることがあります。発生初期には軽い痛みや違和感のみで、あまり気づかずにそのまま野球を続けることがほとんどです。進行すると骨と軟骨がはがれるようになり、症状が強く出始め、そこで初めて病院に来る人がいます。進み具合によっては手術が必要となり、野球ができなくなるだけでなく肘の動きに制限が残ってしまうことがあります。この外側の野球肘、「離断性骨軟骨炎」は野球肘検診での超音波検査や病院での精密検査で診断されます。完治までは時間がかかることも多く、病院での定期的な診察や検査を受け、医師の指示のもとでしっかりと治療を行うことが重要です。

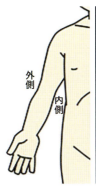
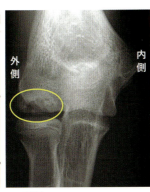

【右肘のレントゲン写真】
骨の一部がすけてみえます
（○の部分）

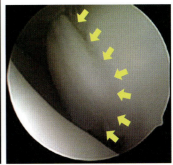

【右肘の関節鏡写真】
軟骨がはがれかかっています
（矢印部分）

● 後方の野球肘：肘頭骨端線離開、肘頭疲労骨折

　肘の後ろ側の野球肘は、ボールをはなす時からはなした後の痛みが特徴です。骨がまだ大人になっていない場合には肘の後ろにある骨端線（成長軟骨）に繰り返しストレスがかかるために骨端線が広がり痛みがでてきます（肘頭骨端線離開）。大人の骨になっている場合でも繰り返すストレスによって徐々に骨にヒビが入り、ひどくなると完全に骨折してしまいます（肘頭疲労骨折）。治療では投球を一時中止して骨が治るのを待ちます。定期的にレントゲン写真で骨端線や疲労骨折の部分をチェックし、改善してくれば徐々に投球練習を再開します。疲労骨折の場合、状況によって手術が必要なことがあります。

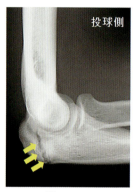 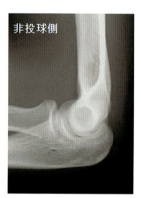

【肘のレントゲン写真（横からみたところ）】
肘の骨に骨折がみられます
（矢印部分）

【リトルリーグ肩】

　小・中学生では骨がまだ大人の状態になっていないため、繰り返す投球動作で腕の骨にある骨端線（成長軟骨）に負担がかかり痛みを引き起こします。これをリトルリーグ肩といいます。病院でレントゲン写真を撮影すると、左右で骨端線の幅が違うことが分かります。治療では投球を一時中止して安静を保つこと、肩の周りの筋力トレーニングやストレッチングを行います。定期的にレントゲン写真で骨端線の状態をチェックし、医師の判断のもとで徐々に投球練習を再開します。

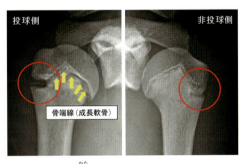

【肩のレントゲン写真】
左右の骨端線の幅に違いがあります（○印部分）

【肩関節唇損傷】

　大人の骨になった選手の肩の痛みは筋肉（インナーマッスル：腱板）や関節唇（肩の受け皿の骨のふちについている線維性の軟骨）などの障害が原因であることがあります。投げすぎや投球フォーム不良、下半身や体幹の問題、肩甲骨と胸郭の関節の問題などにより肩関節に負担がかかり痛みがでてきます。さらに肩関節の前側のゆるみや後ろ側の筋肉や関節の硬さも原因といわれています。このような状態でボールを投げ続けると関節唇に損傷を引き起こします。治療は投球数を制限し肩関節の安静を図るとともに投球フォームのチェックや全身のコンディショニングを行います。肩関節に対し

てはストレッチングにより関節の柔軟性を高めるとともに肩甲骨の動きを改善し、腱板のトレーニングなどにより肩の安定性を向上させます。一度傷ついた部分は治りませんが、治療によって負担がかからない状態になり、ほとんどの選手はまた痛みなくボールを投げることができるようになります。

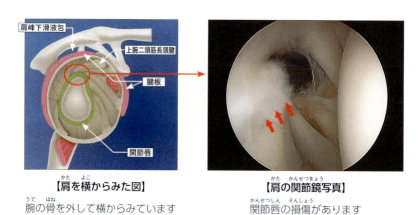

【肩を横からみた図】
腕の骨を外して横からみています

【肩の関節鏡写真】
関節唇の損傷があります
（矢印部分）

「スポーツ損傷シリーズ16.野球肩」
監修：日本整形外科スポーツ医学会　制作：三笠製薬株式会社　を改変

【腰椎疲労骨折】

　野球は守備での中腰の姿勢、バットスイングや投球動作で体をひねる動きが多く、腰に痛みが出ることが多いスポーツです。体の柔軟性の低下は腰痛の大きな原因として挙げられています。また成長期の身長の急な伸びと筋肉の発達のアンバランスは腰への負担を増やし痛みが出てきます。実はこのような腰痛の中に腰の疲労骨折が隠れていることがあり注意が必要です。腰椎（腰の骨）の後ろの部分には繰り返す練習の動きでストレスがたまる部分があり、まずここにヒビが入ります。そのまま練習を続けると完全に骨折を起こして治りにくくなることがあります。疲労骨折は病院で詳しい検査（CTやMRI）を受けて早期に発見し、コルセットなどで治療することが大事です。

3. 成長期の野球選手に多い障害について ⑪

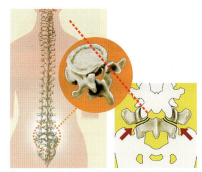

「スポーツ損傷シリーズ 4.腰椎分離症」
監修：日本整形外科スポーツ医学会
制作：三笠製薬株式会社　より転載

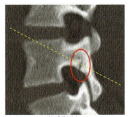
縦断面（じゅうだんめん）

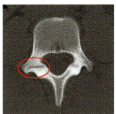
横断面（おうだんめん）

【腰（こし）のCT写真】
骨（ほね）の断面（だんめん）をみると骨折（こっせつ）がはっきりと確認（かくにん）できます
（〇印部分（しるし））

（前田　周吾）

4. セルフチェック方法

　野球選手の故障は、体の使いすぎによっておきる「障害」と、1回の大きな力が加わることによっておこる「ケガ」の2つに分けられます。使いすぎによる障害を防ぐために普段から自分の体の状態を確認する習慣をつけましょう。

【肘のチェック】

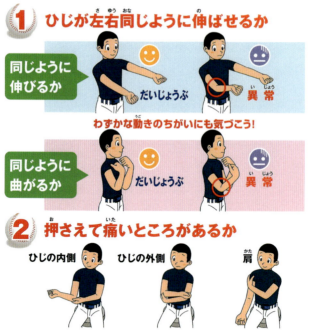

「将来も野球を楽しみ、選手として活躍するためのセルフチェック」
監修：公益財団法人 運動器の健康・日本協会　制作：久光製薬株式会社より転載

➡異常があったらすぐに監督・コーチ、保護者に知らせ、早めに医療機関を受診するようにしましょう。

4. セルフチェック方法

【股関節のチェック】

うつぶせになり、膝をつけたまま脚を開きます。股関節に硬さがあると左右で開く角度が違います。

正常

問題あり

【太もものチェック】

うつぶせになり、おしりが浮かないように膝を曲げていきます。かかととおしりがつかない場合には太ももの前にある筋肉が硬い状態です。

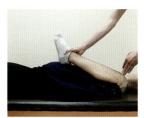
正常

問題あり

正常

問題あり

両足をそろえて立ち、膝を伸ばしたまま床・地面に手がつくか確認します。手がつかない場合には太ももの後ろの筋肉が硬い状態です。

➡問題があった部分は「ストレッチング」の項目にあるトレーニングを継続して行って下さい。

(前田 周吾)

5. ストレッチング

　ストレッチングは体の柔軟性を向上させるためだけでなく、筋肉や関節の障害やケガの予防として重要です。練習の前後に必ず行いましょう。それぞれ20～30秒間伸ばします。

1) 前腕ストレッチ（手のひら側）

① 腕を前に伸ばして、肘も伸ばす。手のひらを上へ向ける。
② 反対の手で指先を引っ張り、手のひらが前を向くようにする。
③ 左右どちらも行う。

2) 前腕ストレッチ（手の甲側）

① 腕を前に伸ばして、肘も伸ばす。手のひらを下へ向ける。
② 反対の手で指先を引っ張り、手の甲が前を向くようにする。
③ 左右どちらも行う。

3) 脇の下ストレッチ 1

① ストレッチする腕を真上に伸ばし、肘を曲げる。指先は同じ側の肩甲骨を触るようにする。
② 反対の手で肘を引っ張る。この際、背中は丸くせず、伸ばしたままにする。

4) 脇の下ストレッチ 2

① 手のひらを上に向けて手を組み、上へ伸ばす。
② そのままの状態で体を横に倒す。腰が前かがみになったりそったりしないようにする。

5) クロスアームストレッチ

① 肘を伸ばしたまま腕を肩の高さまで上げる。この時に手のひらは上へ向ける。
② 肘・肩の高さが変わらないように、水平に反対側へもっていき、反対側の手で肘を身体に引き寄せるように引っ張る。
③ 肩の後ろ側を伸ばすように意識する。

6) 肩後方ストレッチ（スリーパーズストレッチ）

① 横向きに寝る。下になっている肩と肘を90度に曲げ、反対の手で下になっている手をゆっくりと床にむかって押す。
② ストレッチしている肩が床から浮かないようにあごで上から押さえる。痛みがある場合は無理をしない。

7）太もも前面ストレッチ

① 両足を伸ばして座り、筋肉を伸ばす方の膝を外側に曲げる。
② 膝が浮かないように後ろに倒れていく。腰はそらないようにする。

8）太もも後面ストレッチ 1

① ストレッチする足の膝を伸ばし、反対の膝を内側に曲げる。
② 上体を前へ倒し、足をつかむようにする。背中を丸めるのではなく、背中を伸ばし骨盤を前へ倒す（お腹を太ももにくっつける、あごを足へ近づけるイメージ）。

9）太もも後面ストレッチ 2（ジャックナイフ・ストレッチ）

① 足を肩幅に開き、しゃがむ。
② 足首を持ち、太ももの前と胸をくっつける。
③ 太ももの前と胸を離さずにできるところまで膝を伸ばす。

10) 股関節前面ストレッチ

① 足を前後に開き、腰を落として膝をつく。
② 腰を前へ押し出すようにして太ももの前を伸ばしていく。背中を伸ばし、上体が前へ倒れないように注意する。

11) おしり－背筋ストレッチ

① 両足を伸ばして座った状態から片脚を後ろに、反対側の脚の膝を90°曲げる。
② 膝を曲げた反対側の腕を前に出しながら、骨盤も同時に前に倒していく。
③ おしりと背中、肩の後ろを同時に伸ばしていく。

12) 股関節ストレッチ

① 四つん這いの状態から、足を肩幅よりひらく。
② 背中を曲げないようにしながら、おしりを下げていく。

13) ふくらはぎストレッチ

① 腕立て伏せの状態から、伸ばす方の足のかかとを床につける。

② 反対の足でかかとを押さえながら、重心を前に持っていく。

（佐々木　規博）

6. 投球フォームとそのチェックポイント

　ここでは無理のない、負担の少ない投球フォームについて説明します。このフォームで投げると、特に球が速くなる、パフォーマンスがあがるということはありませんが、肘・肩にかける負担が少なく、障害を起こしにくいため、成長期にある投手には最適です。またチェックポイントを各投球動作に分けて説明していますが、投球動作は連続した動作になるため、一連の流れとしてリズム、タイミング、バランスなども重要になってきます。

投球動作は大きく次の5つの部分に分けることができます。

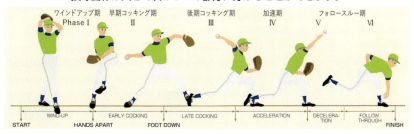

「スポーツ損傷シリーズ 16. 野球肩」 監修：日本整形外科スポーツ医学会 制作：三笠製薬株式会社　を改変

1. ワインドアップ期

　投球動作の開始からステップ脚（右投げであれば左脚）の膝が最も高くなるまでの間を指します。投球の準備期であり、支持脚で体重を支えながら体幹と下半身のひねりによるエネルギーを蓄えます。

2. 早期コッキング期

　ステップ脚が最も高くなったところから、投球方向に踏みだした足が地面につくまでの間を指します。ワインドアップ期に蓄えたエネルギーを投球方向に並進移動（横への移動）させていきます。

3. 後期コッキング期

　ステップ脚が地面についてから、投球側の腕が一番しなるまでの間を指します。下半身・体幹をひねり、エネルギーが投球する腕に伝わっていきます。

4. 加速期

　投球側の腕が一番しなったところからボールリリースまでの間を指します。下半身と体幹のエネルギーが腕に伝わり、しなり運動からボールにエネルギーが伝達されます。後期コッキング期から加速期にかけて肘・肩への負担が最も大きくなります。

5. フォロースルー期

　ボールリリース後から投球動作終了までの間を指します。ボールリリースまで加速した腕を急激に減速する必要があります。

【各投球部分におけるチェックポイント】

　肘・肩に負担の少ないフォームのためのチェックポイントです。投球フォームの参考にして下さい。

1. ワインドアップ期

- まっすぐ立てていますか？
- ふらつきはありませんか？

正面
○

× 体が背中側に倒れています

側面
○

× 体が投球側に倒れています

　脚を上げた時にまっすぐ立っているか、ふらつきはないかをチェックします。この時に体が後ろや投球側（右投げであれば同じ右側）へ傾いていると下半身による体重移動がうまくいかず、推進力を得ることが難しくなったり、十分な体重移動の前に体幹のひねり運動が起こったりするため、いわゆる体の開きが早い、ひねりのタイミングが悪いといった状態になり、結果的に肘・肩への負担が大きくなります。

2. 早期コッキング期

- ヒップファーストでの体重移動ができていますか？
- 肘は背中側に引きすぎていませんか？

• 踏み出した足は投げる方向へステップできていますか？

× ヒップファーストができていません

× 肘を背中側に引きすぎています

× 踏み出した足が投げる方向からずれています

体重移動がおしりからできていないと、上体が前に突っ込みがちになり、下半身のひねりが使えないまま体幹のひねりが早くなり、いわゆる手投げの状態になりやすくなります。ヒップファーストは肩を下げるということではありません。体重移動がおしりから行くことで自然と肩が下がります。また肘を背中側に引きすぎていると肘が上がりにくくなり、肘・肩への負担が大きくなります。ステップ脚がアウトステップ（左ページ下、B）になると体の開きが早くなり、下半身・体幹の力がうまく腕に伝わらず、手投げの状態になるため肘・肩への負担が大きくなります。また打者からはボールも見えやすくなります。インステップ（左ページ下、C）になった場合、股関節や体幹のひねりが硬いと腕が振りづらくなり、肘・肩への負担が大きくなります。

3. 後期コッキング期

- 肘は下がっていませんか？
- 膝は割れていませんか？
- 体幹の軸は曲がっていませんか？

○

× 肘下がりの状態

× 膝が割れている状態

× 体幹の軸が曲がっている状態

後期コッキング期から次の加速期にかけて腕がしなる動作になってきます。肘が下がっていると肩がしなる動作に制限をかけてしまうため、肘の内側に大きな負担がかかり肘を痛めやすくなります。また膝が割れてしまうと、体が開いてしまい下半身と体幹のエネルギーが逃げてしまうため、結果的に手投げの状態になってしまい、肘・肩に大きな負担がかかり痛めやすくなります。打者からボールが見えやすい状態にもなります。
　体幹の軸がぶれる場合も同様に体が開きやすくなり、手投げの状態になりやすく、肘・肩を痛めてしまいます。ただし、サイドスローやアンダースローの投げ方では投球側の肩が下がり、反対にオーバースローでは投球側の肩が上がります。しかしながら肩と肘の位置の関係はどの投げ方でも同じであり、体幹の軸のぶれとの区別が必要で注意しなければなりません。

オーバースロー　　　　　サイドスロー

4. 加速期

- 背中はしっかりとそっていますか？
- ボールと頭の距離は離れすぎていませんか？

× ボールと頭の距離が離れすぎています

　加速期は一番腕がしなるタイミングであり、腕のしなりは背骨、胸郭、腕が組み合わさった動作です。そのため、背中がしっかりとそれないと腕だけでしなりを作ろうとしてしまうため、肘・肩に大きな負担がかかってしまいます。また加速期は腕が一番速く振られるタイミングでもあります。ボールと頭の距離が離れていると遠心力が大きくなり肘・肩に大きな負担がかかり、痛めやすくなります。

5. フォロースルー期

- 体重は踏み出した足にしっかりと乗っていますか？
- 腕がしっかりと振れていますか？

× 踏み出した足にしっかりと体重が移動できていません

　フォロースルー期では加速期で振られた腕のスピードを急に減速する必要があります。体重がしっかりと乗っていないと体重移動や体幹の前屈・ひねり、腕の振りが不十分となり、肩の後ろ側や肘への負担が大きくなり痛めやすくなります。

（佐々木　規博、今関　勝）

7. 投球数の制限について (指導者・保護者の方へ)

　投球動作は肘・肩に大きな負担がかかります。特に骨格が未熟な小・中学生にとって肘・肩の障害を防ぐためには投球数に制限を設ける必要があります。選手は投げろと言われたら無理をしてでも投げます。痛くても投げます。故障（障害）等で肘・肩が壊れて初めて気づくのでは遅いのです。指導者、保護者がきちんと投球制限の提言・ルールの意図を理解し、選手を守りましょう。また投球数を守っていても肘・肩に負担がかかるフォームで投げていると肘・肩に痛みがでてきます。前項を参考にしながら複数の健康な投手を育てることこそ指導者の力の見せ所ではないでしょうか？

　日本では1995年に初めて日本臨床スポーツ医学会より練習時間や投球数に関する提言が出されています。小学生では１日50球までとされ、１日２試合の登板禁止、試合翌日はノースローとされています（表１）。近年では日本整形外科学会から中学生に対する提言も出されています（表２）。またアメリカではさらに厳格に投球数が決められており、年齢毎の１日最大投球数と投球数に応じた必要な休養日が決められています（表３）。年間イニング数も８歳以下 60回/年、９〜12歳 80回/年、13歳〜 100回/年までと決められています。そのほか１日２試合の登板禁止、12歳以下は直球とチェンジアップのみ、４ヶ月以上の投球しない期間（オフシーズン）を設けることが義務づけられています。

　日本の多くの大会・試合では厳格な投球制限のルールがないのが現状ですが、次ページからの表１〜３を参考にして、積極的に取り入れてください。

表1　日本臨床スポーツ医学会の提言

	小学生	中学生	高校生
練習日数	3日／週	6日／週	6日／週
時　　間	2時間／日		
投　球　数	50球／日 200球／週	70球／日 350球／週	100球／日 500球／週

(1995年)

- 1日2試合の登板は禁止
- 試合翌日はノースローにする

表2　中学生野球選手を障害・外傷から守る10の提言

1. 練習での全力投球数は、野手も含めて1日70球以内、週に300球以内にする。
2. 練習は1週間に6日以内、1日3時間を超えない。
3. 選手一人の出場試合数は、月に10試合以内、投手はその半数が望ましい。
4. 試合をしないシーズンオフを少なくとも3ヶ月もうける。
5. 練習前後のアップ、ダウンは少なくともそれぞれ20分以上行う。
6. 毎週月曜日に身体の痛みや肘の曲げ伸ばしをセルフチェックする。
7. 自宅では毎日ストレッチングを行い、過剰な筋力トレーニングは行わない。
8. 指導者は正しい投球法を指導し、特定選手に過度な負担がかからないようにする。
9. 休養で痛みが軽減しても、少しでも痛みが残る時は整形外科受診が望ましい。
10. スポーツ障害予防のため、整形外科専門医の定期的な検診を勧める。

(2017年 日本整形外科学会)

7. 投球数の制限について

表3　アメリカでの1日最大投球数と休養日の基準（PITCH SMART）

年齢（歳）	1日の最大球数	球数に応じた必要な休養日				
		0日	1日	2日	3日	4日
7-8	50球	1-20球	21-35球	36-50球		
9-10	75球	1-20球	21-35球	36-50球	51-65球	66球〜
11-12	85球	1-20球	21-35球	36-50球	51-65球	66球〜
13-14	95球	1-20球	21-35球	36-50球	51-65球	66球〜
15-16	95球	1-30球	31-45球	46-60球	61-75球	76球〜
17-18	105球	1-30球	31-45球	46-60球	61-75球	76球〜

（2014年 MLB Advanced Media）

（例）11歳の選手が試合で58球投球した場合

　　　表の○印部分の上に示された日数をチェック→3日間の休養（ノースロー）が必要

（佐々木　規博）

8. ウォーミングアップ

　ウォーミングアップを行うことで、体が温まり、関節や筋肉が動きやすくなります。パフォーマンスの向上、ケガや障害の予防にもなります。練習前や試合前に30分から1時間程度かけてしっかり行いましょう。
　以下にウォーミングアップの流れを紹介します。参考にしてみてください。

1. スタティックストレッチング（静的ストレッチング）5分
　立った姿勢でジョギング前のストレッチをします。
- 手のひらを上に向けて手を組み上へ伸ばす。そのままの状態で体を横に倒す（p.15 脇の下ストレッチ等）。
- 体幹の前屈・後屈・ひねり。
- 片足を1歩前にして前屈し、太ももの後ろを伸ばす。

- 足をクロスして前屈し、太ももの後ろを伸ばす。

- 足首を持ち、膝を曲げて太ももの前面を伸ばす。

- 膝を屈伸する。
- アキレス腱を伸ばす。

- 足首を回す。

2. ジョギング（片回りのみにならないようにしましょう）5〜10分

3. ダイナミックストレッチング（動的ストレッチング）やSAQ（Speed；スピード, Agility；アジリティー, Quickness；クイックネス）10〜15分

　ジョギングからの流れで行います。10〜15m間隔を往復しながら行います。ダイナミックストレッチングは、関節の曲げ伸ばしやひねりなどといった関節運動を行うことで筋や腱を引き伸ばしたり、利用される複数の筋の協調性を高めたりすることを目的として行うものです。同時に心拍数を上げたり、筋肉を温めたりする効果もあり、試合や練習前のウォーミングアップに適しています。

- 足組をするように膝に逆の足首を乗せ、おしりをストレッチ。左右交互に10歩ずつ行います。

- 片足を1歩前に出して前屈しながら太ももの後ろをストレッチ。左右交互に10歩ずつ行います。

- つま先を上に向け片足を1歩前に出して前屈しながら太ももの後ろとふくらはぎをストレッチ。左右交互に10歩ずつ行います。

- 足首を持ち、太ももの前面をストレッチしながら、反対側の腕を伸ばして上げて胸を張るようにします。左右交互に10歩ずつ行います。

- ランジウォークを左右10歩ずつ行います。太ももと股関節の前にある筋肉（大腿四頭筋、腸腰筋）をストレッチします。

- ランジウォークをしながら反対側の腕を伸ばして上げます。股関節の前にある筋肉（腸腰筋）のさらなるストレッチと腹筋（腹斜筋）のストレッチを行います。左右10歩ずつ行います。

- ランジウォークをしながら反対側の腕を伸ばして上げた状態で体幹を腕と反対側に倒して背筋（広背筋）をストレッチします。左右10歩ずつ行います。

- ランジウォークをしながら体幹をひねり腸腰筋と腹斜筋のストレッチを行います。左右10歩ずつ行います。

- 前方への足上げウォークを左右10歩ずつ行います。

- 側方への足上げウォークを左右10歩ずつ行います。

- 股関節を回しながら左右交互に10歩ずつステップします。内回しでは前に進み、外回しは後ろに進みます。

- ハイニーステップを左右10歩ずつ行います。この際リズム良く、もも上げをしながら前に進みます。上げた脚の膝と反対の腕の肘を近づけるようにします。

- サイドハイニーステップを左右10歩ずつ行います。
  リズム良く左右に膝をあげます。

- 足上げステップを左右10歩ずつ行います（足上げウォークのステップ版です）。できるだけ高くあげましょう。
- 足横上げステップを左右10歩ずつ行います（側方足上げウォークのステップ版です）。
- スキップを行います。

【注目】
ここから先にあるメニューで＊印の運動は転倒の危険性もありますので、小学生は無理に行わないでください。中学生以上でもコーチなどがそばで補助をした方が良いでしょう。

- スキップバック（＊）を行います（後ろ向きでスキップします）。
- スキップクロス（＊）を行います（スキップしながら左右に体をひねっていきます）。
- スキップクロスバック（＊）を行います（後ろ向きでスキップクロスします）。
- 前方にスキップしながら腕回しを行います。
- 後方にスキップしながら腕回しを行います。
- 半円を描くようにスラローム走行を複数回行います。

- 後ろ向きにスラローム走行（＊）を行います。
- サイドステップを行います。
- 腕を回しながらサイドステップを行います。
- キャリオカステップを行います。

　これらをすべて行っても良いですし、時間などの関係上、これらの中から選んで行ってもかまいません。小・中学生ではこれだけでも十分トレーニングになりますので是非行ってください。

4. 肩や肩甲骨のダイナミックストレッチング 10〜15分

- 汗をかいたら両腕を前に伸ばした状態から後ろに肘をしっかり引きます（ローイング）。この時に両方の肩甲骨を動かすことを意識してください。この動きを繰り返します。

- 両腕を前に伸ばした状態からその高さのままで後ろに肘を引きます。この動きを繰り返します。

- 両側の肘を曲げて肩の内ひねり・外ひねり運動を繰り返し行います。

- 両腕を前に伸ばして肘を曲げます。肘を曲げたまま胸を開くように腕を外に広げ、再び両肘を近づける運動を繰り返し行います。

- 腕を交差して上に伸ばす運動を繰り返します。背筋、脇腹が伸びていることを意識しましょう。

- 腕を交差して上に伸ばしたところから肘を曲げて引き下げる運動を繰り返します。

- ぶん回し運動（ぐるぐると腕を回します）を行います。

これらの肩・肩甲骨のダイナミックストレッチングを行う際には肩甲骨の間を縮める・広げる、肩甲骨を上下に動かすことを意識しましょう。

5. 一般的なストレッチング（p.14～18）

- スリーパーズストレッチ（p.15）を行います。
- クロスアームストレッチ（p.15）を行います。
- 肘や前腕のストレッチを行います（下図）。
前腕の前面、後面が伸びていることを意識しましょう。

- 指のストレッチを行います。指を2本ずつ持ちながら行います。
  それぞれの指と前腕が伸びていることを意識しましょう。

- 股関節のストレッチ（内ひねり）を行います。
  股関節やおしりの伸びを意識しましょう。

- 開脚ストレッチを行います。
  太ももの内側がしっかり伸びていることを意識しましょう。

6. 体幹トレーニング

　各種腹筋を5種目程度行います。通常行うような体幹の屈曲運動やスタビライザートレーニングを混ぜます。腹筋、背筋、脇腹を意識して、ぐらつきが出ないように行います。この時腰を上げすぎたり、下げすぎたりしないように注意します。

【スタビライザートレーニングの具体例】

7. ステップやアジリティー運動、切り返し運動、ダッシュ　5～10分

　リアクションドリルやシャトルラン、競争性やゲーム性のランメニューを含めると良いでしょう。

【リアクションドリルの具体例】

- パーでスタート、グーでバック。
- 数字を足した答えが偶数ならスタート。
- 数字をかけ算して答えが奇数ならスタート。
- 手拍子が聞こえたら、切り返しやバック走にする。

（佐々木　規博、今関　勝）

9. クールダウン

　クールダウンは疲労を残さないため、障害やケガの予防のためにとても大切です。

1. ジョギングなどの有酸素運動を5〜10分行います。
2. 投手であれば肘・肩のチューブエクササイズを行います。インナーマッスルを刺激するためですので、弾性の弱いチューブで行ってください。2〜3種目行い、それぞれ10〜15回、1〜2セット行います。
3. クロスアームストレッチやスリーパーズストレッチなど、肘・肩、股関節のストレッチングを中心に行います。ストレッチングのページ（p.14〜18）を参照して下さい。
4. しっかりと栄養を補給することも大事です。高糖質の炭水化物やたんぱく質、ミネラルを含む水分を補給します。

【選手として身につけたい生活習慣】
1. シャワーだけで済ませず、しっかりと入浴します。
2. 入浴後にきちんと水分および栄養の補給を行います。
3. 食後や睡眠前にストレッチをしっかり行います。

【肘・肩のアイシング】
　試合の後にピッチャーが肘・肩に行うアイシングは必ず必要なものではありません。以前は負担のかかった筋肉や関節の炎症をおさえたり、疲労回復を助けたりする効果があるといわれていましたが、最近の研究では、アイシングが本当に有効かどうかの結論は出ていません。肘・肩に痛みがあるのに

無理にアイシングで痛みをおさえることは絶対に行わないで下さい。アイシングによって肘・肩の障害やケガが防げるわけではありません。ウォーミングアップやクールダウンを十分に行い、投げすぎないことが最も重要です。

（石橋　恭之）

10. ケガをした時の応急処置

　スポーツ現場でケガをした時に患部の障害を最小限にとどめるために行う応急処置をRICE（ライス）といいます。腫れをおさえ、痛みを軽くするために行います。RICEを行うケガは捻挫、打撲、肉離れなどです。ケガをした部分が変形したり、腫れたり、痛みが強い場合にはすぐに病院を受診して下さい。以下にRICE処置の方法を示します。

R（Rest、レスト、安静）

　運動を中止してケガをした部分を安静に保ちます。局所の安静を保つために三角巾や添え木を使うことも有効です。

I（Icing、アイシング、冷却）

　ケガの部分の腫れをおさえ、痛みを軽くするために患部を冷やします。氷のうやビニール袋に氷を入れて、15〜20分程度冷やします。タオルや衣類などを使って直接皮膚に氷が当たらないようにして下さい。

C（Compression、コンプレッション、圧迫）

　弾性包帯やテーピングを使って患部を圧迫し、内出血や腫れをおさえます。圧迫しすぎると血行障害や神経障害をおこす危険があるため、時々指先の感覚や皮膚の色を確認して下さい。

E（Elevation、エレベーション、挙上）

患部を高く上げることで患部の腫れをおさえること・軽くすることが目的です。心臓より高く上げるように台などで工夫して下さい。

【アイシングで使うものの一例】

氷のう

ビニール袋
空気を抜くことで患部への密着が良くなります

コールドパック

（佐藤　英樹）

11. スポーツ選手の食事の基本型

　私たちの体は、私たちが食べた物からしかつくられません。

　スポーツ選手にとっての食事は、ただ「食べる」だけではなく、より良い体づくりを目指して「食べる」ことが必要です。一所懸命練習をしても、食事をしっかりとらないで欠食したり、好き嫌いが多くて偏食だったりすると思うような体づくりが出来ません。強い体とコンディションを維持するためにも、次に紹介するスポーツ選手の「食事の基本型」を実践し、しっかりとした食習慣を身につけましょう。

【勝つため、強くなるためのスポーツ選手の「食事の基本型」】

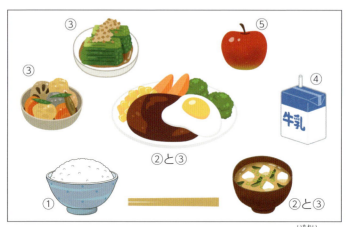

※これは、そろえ方の一例です。

① **主食（ごはん、パン、めん類）**

- 体を動かすエネルギー源になる。

　炭水化物が多く含まれています。毎食しっかり食べられなかったりして不足すると、疲れやすくなります。

②主菜（肉、魚、卵、豆腐・納豆など大豆製品）
- 筋肉、骨、血液等の人の体をつくる。

 たんぱく質が多く含まれています。

③副菜（野菜、いも、きのこ、海藻類）
- 体調を整え、骨や血液の材料となる。

 ビタミン、ミネラルが多く含まれています。
 特に緑黄色野菜を中心に毎食積極的にとりましょう。

④牛乳・乳製品（牛乳、ヨーグルト、チーズ）
- 骨を作るのにかかせない材料。

 カルシウムだけでなく、たんぱく質も含まれています。
 運動後の補食にも適しています。

⑤くだもの
- 疲労回復、バランスよく体調を整えるのに役立つ。

 ビタミンが多く含まれています。果糖も含まれているので、運動前後の補食に適しています。疲労回復にも役立ちます。

〜スポーツ選手として身につけたい食習慣〜

1. 欠食をしない
2. 好き嫌いをしない
3. スポーツ選手の食事の基本型を実践する
4. 食事時間をトレーニングスケジュールに入れる
5. 自分で料理ができる

国際オリンピック委員会のスポーツ栄養に関する合意声明2010には、「普通に入手できる多くの種類の食べ物から適切なエネルギーを補給していれば、トレーニングや競技に必要な糖質（炭水化物）・たんぱく質・脂質、そして微量栄養素の必要量をとることができる。正しい食事はスポーツ選手が適切な体重や身体組成を獲得し、それぞれの競技で大きな成功を収めるのに役立つであろう。」とあります（日本スポーツ振興センター　ホームページより）。

　もしサプリメントの方が普通の食事よりも勝っていると思っている選手がいたら考え直しましょう。決して魔法の食事や食品はありません。体づくりに必要なエネルギーと栄養素を、無理なく美味しく食べられる普段の食事が最も大切です。栄養の原則を理解し、食物のバランスを考えながら食事をとりましょう。また、自分に必要な食物は何か？を知り、食事を作ることで、自分の体を自己管理する力が身につくと思います。

（太田　茂子）

12. 野球肘検診について

【野球肘検診とは？】

　小・中学生に多い野球肘を中心とした医学的な検査です。超音波検査で肘のチェックを行います。超音波検査は選手の体に全く負担はなく、その場ですぐに肘の異常を見つけることができます。検診では肘のチェックだけではなく投球動作やストレッチングの指導、野球肘の講義なども行います。

肘の超音波検査

投球フォームの講習

ストレッチングの指導

【検診は受けたほうがいいの？】

　小・中学生に多い野球肘では肘の内側に痛みを感じることが多いです。内側の障害は重症になることは少なく、野球に復帰できます。
　しかし外側の障害は非常に問題があります。外側の障害を離断性骨軟骨炎といい、肘の骨が何らかの原因で壊れ、進行すると表面の軟骨と共にはがれ

る病気です（「3. 成長期の野球選手に多い障害について」p.7を参照）。この病気が問題となるのは初期には何も症状がないことです。気づかずに野球を続けていると半年から1年ぐらいかけて徐々に進行し、痛みが出てきたころには手遅れになっていることが多く、手術が必要になることもあります。最終的には野球を断念しなければならなくなるかもしれません。しかし症状が出る前、初期の状態で見つかると手術を行わなくても治ることが分かっています。つまり定期的な検診による早期発見・治療開始が重要になります。

【検診で異常が見つかったら？】

もし異常が見つかったら病院でさらに詳しい検査（レントゲン写真、CTやMRI検査）を受けることを勧めます。治療が必要な場合も早期に開始することができるため、野球への復帰も早くなります。

【野球肘検診の受け方】

各地域や所属団体によって野球肘検診の時期や会場が異なります。所属団体に問い合わせて検診の日程を確認し、申し込んで下さい。野球肘検診を受ける時にはこの手帳を持参して、次のページにある検診の記録をつけてもらいましょう。

（前田　周吾）

13. 野球肘検診の記録

日　付	学　年	結　果	その他の疾患の疑い	検診印
／　／	小学1年	異常なし 離断性骨軟骨炎疑い 内側障害疑い		
／　／	小学2年	異常なし 離断性骨軟骨炎疑い 内側障害疑い		
／　／	小学3年	異常なし 離断性骨軟骨炎疑い 内側障害疑い		
／　／	小学4年	異常なし 離断性骨軟骨炎疑い 内側障害疑い		
／　／	小学5年	異常なし 離断性骨軟骨炎疑い 内側障害疑い		
／　／	小学6年	異常なし 離断性骨軟骨炎疑い 内側障害疑い		
／　／	中学1年	異常なし 離断性骨軟骨炎疑い 内側障害疑い		
／　／	中学2年	異常なし 離断性骨軟骨炎疑い 内側障害疑い		
／　／	中学3年	異常なし 離断性骨軟骨炎疑い 内側障害疑い		

14. 検診後の医療機関受診記録

受診日	年　月　日	学年		症状	
病院名			担当医師名		
診断名					
治療内容					
備考					

受診日	年　月　日	学年		症状	
病院名			担当医師名		
診断名					
治療内容					
備考					

受診日	年　月　日	学年		症状	
病院名			担当医師名		
診断名					
治療内容					
備考					

15. 医療機関との連絡欄

　医療機関と指導者、保護者、選手自身との間で疾患や治療に関してスムーズな連絡をとり、共通認識を持って治療していくために活用してください。これを使うことで、より正確に自分の状態を伝えることができたり、医療機関で言われたことを指導者や保護者に伝えたりすることができます。
　記入例（p.55参照）を見ながら記入してみてください。

【記入内容】
1. 選手記入項目…現在の状況・状態を確認しましょう。

① いつから痛いですか？

② いつから投球を休んでいますか？

③ 痛み出したきっかけはありますか？

④ 痛い場所はどこですか？

⑤ どんな時に痛みますか？

⑥ 何％の力でどれくらいの距離を投げると痛みますか？

⑦ 投げる動作のどこで痛みますか？（下より選択してください）

【④記入例】
- 肩の「前の方・後ろの方・わきの下あたり」
- 肘の「前の方・後ろの方・内側・外側」
- 腰・股関節・膝・その他

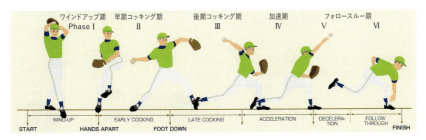

「スポーツ損傷シリーズ 16.野球肩」　監修：日本整形外科スポーツ医学会 制作：三笠製薬株式会社　を改変

2. 医療者記入欄（担当した先生に記入してもらって下さい）

- 担当者氏名
- 診断名
- 治療内容

　　（投球禁止期間、球数制限、身体機能評価、ストレッチなど）

3. 指導者記入欄

- 競技復帰の時期
- 投球再開の時期
- どこまでやることができるか（何ができて何ができないのか）などの質問を自由記載

（佐藤　英樹）

15. 医療機関との連絡欄　55

【記入例】

受診日 （ 2019年 4月 1日 ）

<table>
<tr>
<td rowspan="4">選
手</td>
<td colspan="2">① いつから痛いですか？
（　　　ヶ月、　3 週、　　　日）前</td>
<td>② いつから投球を休んでいますか？
（　　　ヶ月、　1 週、　　　日）前</td>
</tr>
<tr>
<td colspan="3">③ 痛み出したきっかけはありますか？
　　遠投で痛みを感じた、練習後に少しずつ痛みが増えてきた</td>
</tr>
<tr>
<td colspan="2">④ 痛い場所はどこですか？
　　肘の内側</td>
<td>⑤ どんな時に痛みますか？
　　投げる時、肘を曲げる時</td>
</tr>
<tr>
<td colspan="2">⑥ 何%の力でどのくらいの距離を
　投げられますか？

　　50 %、塁間ぐらい</td>
<td>⑦痛い動作に○をつけて下さい。</td>
</tr>
<tr>
<td>診断名</td>
<td colspan="3">（　　上腕骨内側上顆骨端障害　　）</td>
</tr>
<tr>
<td>担当医から

担当医名
（　○○　）
治療内容を
記載</td>
<td colspan="3">投球禁止期間：あり （　　　2 週）、　なし
打撃禁止期間：あり （　　　週）、　なし
　　少しの間投球を休む必要があります
　　休んでいる間に肩の周り、股関節の硬さを改善する
　　ストレッチングをしっかりと行って下さい</td>
</tr>
<tr>
<td>チーム・
保護者から

コメント</td>
<td colspan="3">〈自由記載〉

　　試合で投げることができるのはいつ頃からですか？</td>
</tr>
</table>

56 野球検診手帳

受診日（　　　　　年　　　　月　　　　日）

選手	① いつから痛いですか？ （　　ヶ月、　　週、　　日）前	② いつから投球を休んでいますか？ （　　ヶ月、　　週、　　日）前
	③ 痛み出したきっかけはありますか？	
	④ 痛い場所はどこですか？	⑤ どんな時に痛みますか？
	⑥ 何％の力でどのくらいの距離を投げられますか？	⑦痛い動作に○をつけて下さい。

診断名	（　　　　　　　　　　　　　　　　　　　　　　　　　）
担当医から 担当医名 （　　　　） 治療内容を記載	投球禁止期間：あり　（　　　　週）、　なし 打撃禁止期間：あり　（　　　　週）、　なし _____ _____ _____ _____
チーム・保護者から コメント	〈自由記載〉 _____ _____ _____ _____ _____ _____

15. 医療機関との連絡欄 **57**

受診日 （ 　　　年　　　月　　　日）

選手	① いつから痛いですか？ （　　　ヶ月、　　　週、　　　日）前	② いつから投球を休んでいますか？ （　　　ヶ月、　　　週、　　　日）前
	③ 痛み出したきっかけはありますか？	
	④ 痛い場所はどこですか？	⑤ どんな時に痛みますか？
	⑥ 何％の力でどのくらいの距離を投げられますか？	⑦痛い動作に○をつけて下さい。

診断名	（　　　　　　　　　　　　　　　　　　　　　　　　　）
担当医から 担当医名 （　　　　） 治療内容を記載	投球禁止期間：あり　（　　　週）、　なし 打撃禁止期間：あり　（　　　週）、　なし _____ _____ _____ _____
チーム・ 保護者から コメント	〈自由記載〉 _____ _____ _____ _____ _____

58 野球検診手帳

受診日（　　　　年　　　　月　　　　日）

選手	① いつから痛いですか？ （　　　ヶ月、　　　週、　　　日）前	② いつから投球を休んでいますか？ （　　　ヶ月、　　　週、　　　日）前
	③ 痛み出したきっかけはありますか？	
	④ 痛い場所はどこですか？	⑤ どんな時に痛みますか？
	⑥ 何％の力でどのくらいの距離を投げられますか？	⑦痛い動作に○をつけて下さい。

診断名	（　　　　　　　　　　　　　　　　　　　　　　　）
担当医から 担当医名 （　　　　） 治療内容を記載	投球禁止期間：あり　（　　　　週）、　なし 打撃禁止期間：あり　（　　　　週）、　なし _____ _____ _____ _____
チーム・ 保護者から コメント	〈自由記載〉 _____ _____ _____ _____ _____ _____

〈執筆者紹介〉

青森県スポーツドクターの会「野球検診手帳」ワーキンググループ

岡村　良久
青森県スポーツドクターの会　会長

石橋　恭之
弘前大学大学院医学研究科整形外科学講座　教授

前田　周吾
青森労災病院整形外科　部長

佐々木　規博
青森市民病院整形外科　部長

今関　勝
元プロ野球選手、元弘前市文化スポーツ振興課

佐藤　英樹
青森県立中央病院整形外科　部長

太田　茂子
青森県スポーツドクターの会　栄養士部会
公認スポーツ栄養士

(執筆順)

〈参 考 図 書〉

「野球手帳」
（発行）　新潟県青少年野球団体協議会
新潟県野球協議会強化育成部

〈編　集〉

　　青森県スポーツドクターの会
　　弘前大学大学院医学研究科整形外科学講座

〈監　修〉

　　青森県高等学校野球連盟

※無断転載禁止します

野 球 検 診 手 帳

発行日	2019年3月29日　初版 第1刷発行
	2022年6月20日　初版 第2刷発行
著　者	青森県スポーツドクターの会
	「野球検診手帳」ワーキンググループ
	青森県スポーツドクターの会事務局：
	青森県弘前市在府町5　Tel.0172-39-5083
発行所	弘前大学出版会　HUP
	〒036-8560
	青森県弘前市文京町1
	Tel.0172-39-3168　Fax.0172-39-3171
印刷所	やまと印刷株式会社

ISBN 978-4-907192-70-9